Guitarra para peques

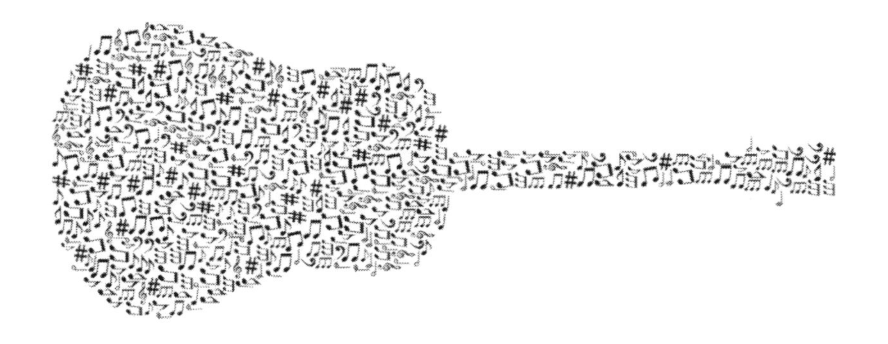

Sergio Dorado

Prólogo

Ningún libro puede sustituir a un buen maestro. La valoración de las capacidades del alumno, la corrección de sus defectos y mejoría de sus virtudes, el trabajo en las rutinas de estudio necesarias o el cultivo incesante del entusiasmo y el placer de tocar un instrumento, son aspectos que sólo el profesor puede proporcionar en el aula, en función de las características particulares de cada alumno. Y todo ello va mucho más allá que el seguimiento más o menos fiel de un sistema o método de estudio. Ahora bien, si lo anteriormente expuesto puede considerarse una de las premisas de la pedagogía, también es cierto que la claridad, el orden y la calidad del material utilizado en el aula son de gran ayuda en el proceso de aprendizaje. Especialmente en uno de los aspectos que a nivel personal más valoro, como es la graduación de la dificultad en el material didáctico. Cada nuevo conocimiento debería ser consecuencia del anterior y presentar un grado de dificultad superable para el alumno, de tal manera que se entienda como un escollo salvable, un obstáculo que el niño o la niña podrá solventar en un plazo de tiempo más o menos corto si lo trabaja de la manera adecuada. De esta forma el alumno incrementará el nivel técnico, potenciará la confianza en el profesor y en sus propias capacidades, y finalmente estará construyendo, quizá sin saberlo aún, el soporte técnico y mental que le acompañará para siempre en su proceso de aprendizaje.

He dividido el libro en dos secciones. En la primera, se trabajan las notas naturales en cada una de las cuerdas, lo que nos permite estudiar un primer repertorio basado en melodías populares. Grandes músicos como Schubert, quien valoraba enormemente la belleza de ese tipo de melodías, o teóricos de la pedagogía musical, como Kodály, han ponderado las canciones populares como la manera más intuitiva de acercarse a ese idioma particular que es la música. El conocimiento de esas melodías refuerza las estructuras de aprendizaje, no sólo porque en muchos casos es música ya conocida por el niño (y que por tanto seguramente estará contento de poder expresar por primera vez con un instrumento distinto a su voz), sino porque este tipo de melodías se caracteriza por una cierta sencillez rítmica y estructural que las hacen más fácilmente memorizables. Se apreciará que en este sentido he incluido un repertorio de música de Navidad. No soy partidario de tocar esta música fuera de las fechas navideñas, así que aconsejo que la interpretación de ese material se limite a esos días señalados, adelantando páginas del libro o retrasándolas si fuera necesario.

La segunda parte tiene un carácter más técnico y académico. Consta de 30 estudios en los que se trabaja la técnica de ***tirado***, y en los que las posiciones y técnicas utilizadas (pulgar-índice, arpegios ascendentes y descendentes de tres y cuatro notas, notas simultáneas, melodías con bajo, etc.) presentan un mayor grado de dificultad. Al ser éste un método pensado para niños a partir de 6 años, esta sección puede ser difícil e incluso poco adecuada para niños de esa edad; de forma que deberemos estar totalmente satisfechos si éstos, en un primer año de estudio, han superado correctamente sólo la primera sección del libro. Ahora bien, esta segunda parte es perfecta para niños algo mayores, a partir de 7 y 8 años; y también incluso para adultos que se estén iniciando en la técnica de la guitarra, en cuyo caso deberían centrarse en el estudio de la segunda sección y considerar la primera parte del libro únicamente como un material necesario para el conocimiento de las notas y su posición en el mástil, utilizando las melodías como simples ejercicios de lectura a vista.

Les dejo, pues, con este método de iniciación a la guitarra, con el que deseo de que estudiantes del mundo (a quienes en muchos casos ni siquiera tendré la suerte de conocer) den sus primeras pinceladas con la guitarra, y deseándoles que disfruten tanto en el estudio como disfruté yo en su momento cuando aprendía mis primeras lecciones. Al fin y al cabo, por muchos pasos que se den en la vida, siempre es necesario empezar por el primero.

Sergio Dorado

Cada vez que te aprendas una canción, apúntala en esta plantilla. Te ayudará a medir tu progreso.

Alumno: Repertorio

Obra	Autor	Fecha

1ª parte

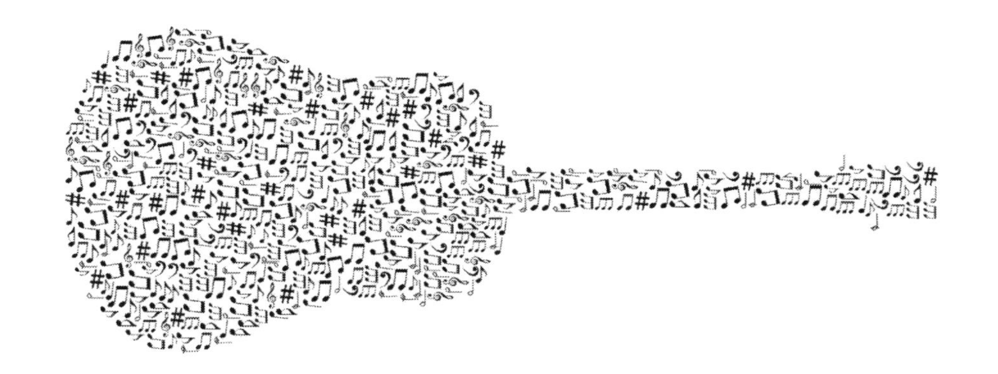

La primera cuerda

Cuando pulsamos una cuerda sin utilizar la mano izquierda decimos que la cuerda suena “al aire”. El sonido al aire puede producirse en cada una de las seis cuerdas.

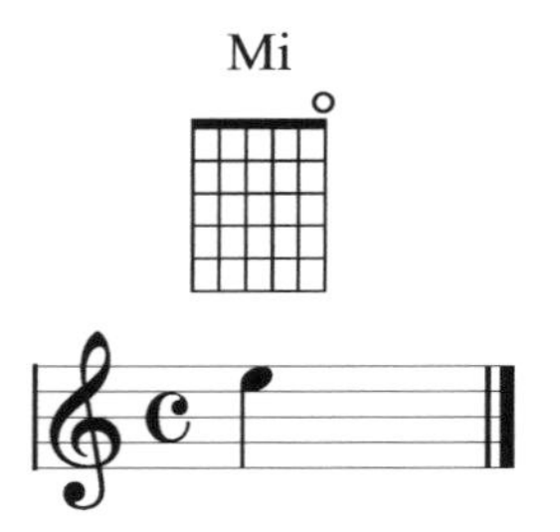

Obtenemos la nota mi tocando la primera cuerda al aire

Ejercicios alternando los dedos índice y medio de la mano derecha sobre la primera cuerda de la guitarra.

Pulsamos la cuerda hacia arriba, de manera que contactamos con la cuerda superior. Este tipo de pulsación se conoce como "apoyando"

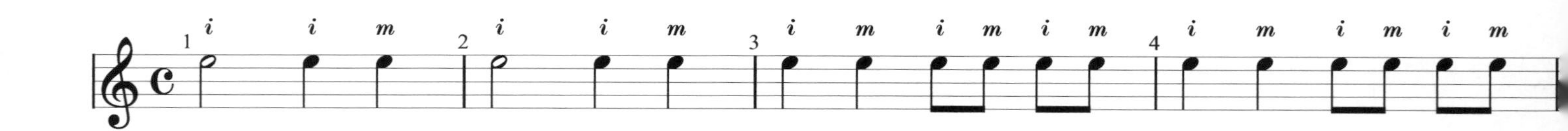

Ahora vamos a aprender otras dos notas de la primera cuerda

*En el primer traste de la primera cuerda encontramos la nota **fa**, que tocaremos con el dedo 1*

Fa

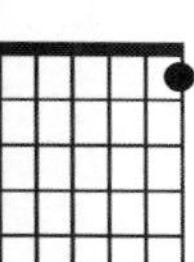

*La nota **sol** está en el tercer traste de la primera cuerda, y la tocaremos con el dedo 3*

Sol

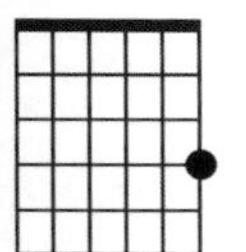

Practiquemos ahora las notas aprendidas (mi, fa y sol) en distintas combinaciones

1

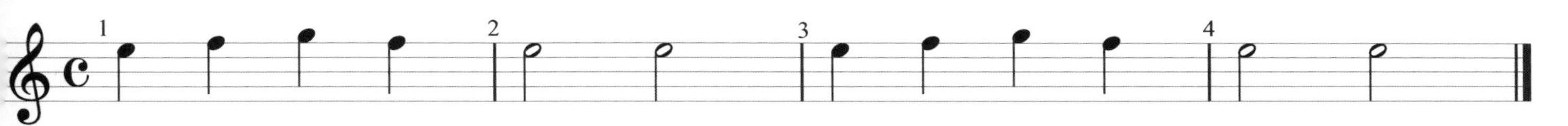

2

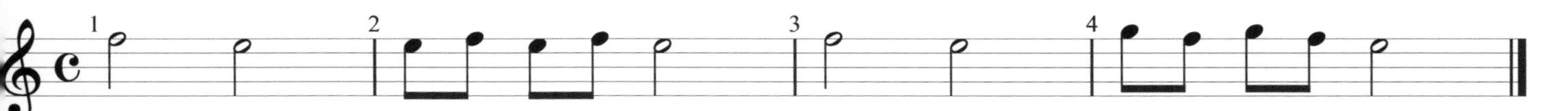

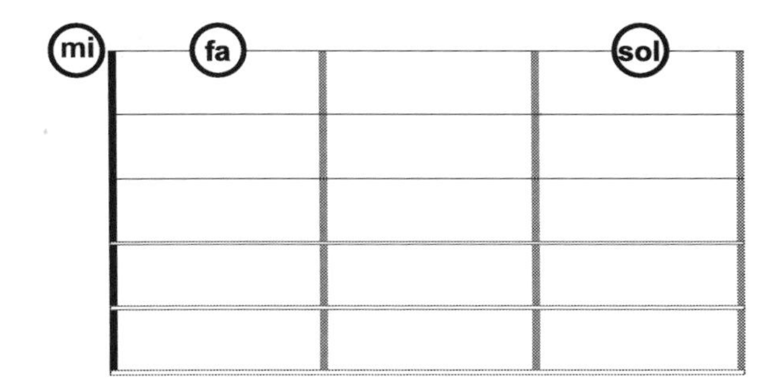

 Éstas son algunas cuestiones que deberás tener en cuenta para continuar tu estudio

La negra es la figura que vale un tiempo

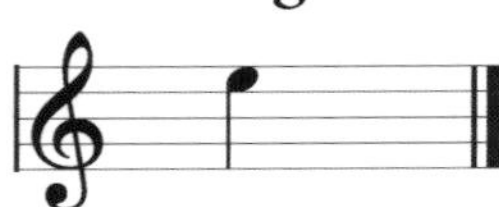

La blanca vale dos tiempos, es decir, el doble de una negra

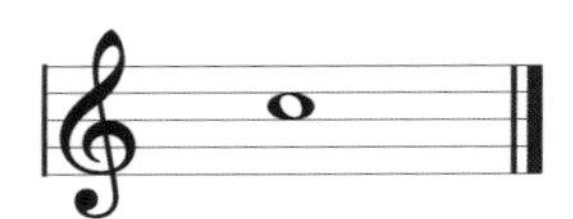

La redonda vale cuatro tiempos

Una corchea dura la mitad de una negra

Frecuentemente las encontraremos de dos en dos, unidas. Las dos corcheas suman un tiempo

---

En la guitarra, tenemos nombres distintos para referirnos a los dedos de la mano derecha y de la izquierda

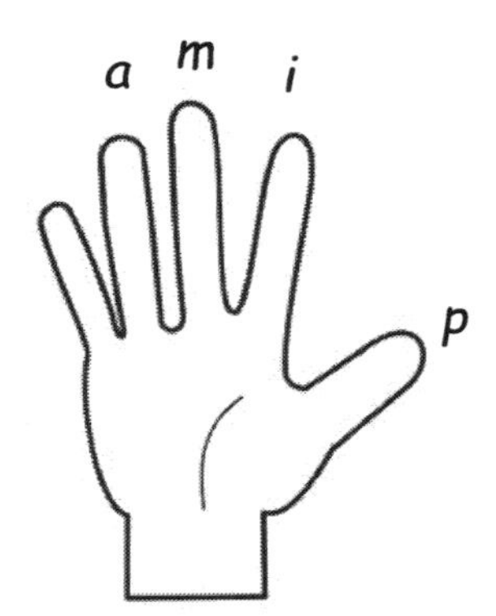

Mano derecha

p= pulgar
i= índice
m= medio
a=anular

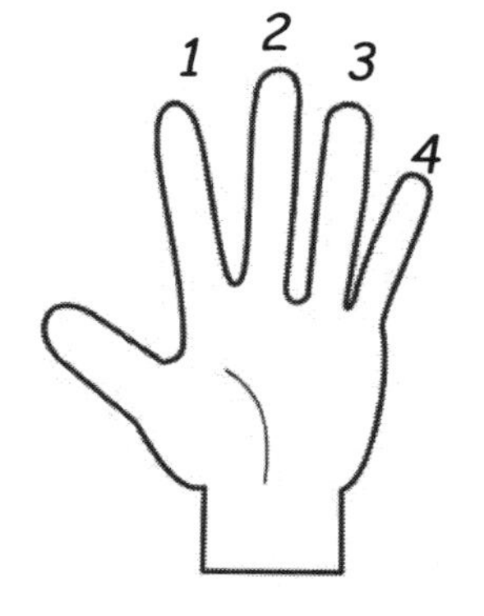

Mano izquierda

1
2
3
4

Cada figura rítmica tiene su equivalente en forma de silencio. El silencio o pausa indica que deberemos estar sin tocar (y en silencio) durante el período que nos indique la figura

*Otro concepto que hemos de conocer es el **punto** o **puntillo**. El puntillo hace que la figura a la que acompaña dure más. Se le incrementa la mitad de lo que ya valía*

Es decir:

2 + 1 = 3 tiempos. La blanca con punto vale 3 tiempos

1 + 1\2 = 1.5 *La negra con punto vale un tiempo y medio*

El arroyo

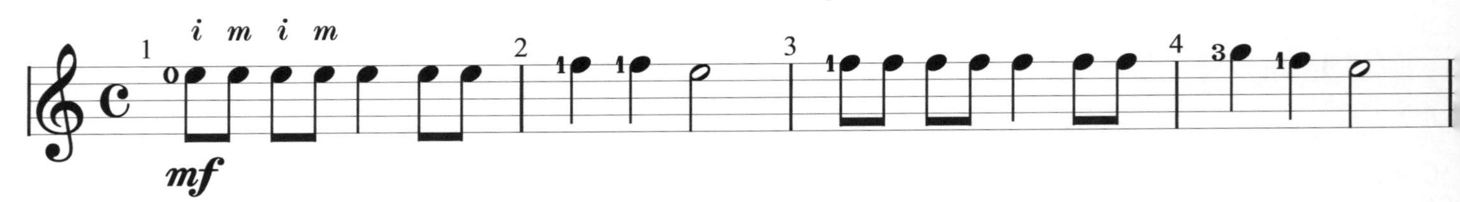

Molino

Ahora vamos a aprender las notas de la segunda cuerda

Si

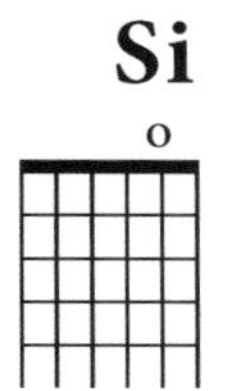

*La nota **si** es la que se produce al pulsar la segunda cuerda al aire*

Do

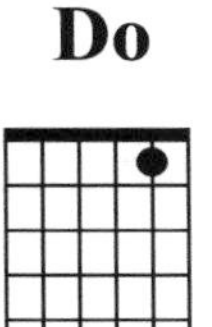

*El **do** está en el primer traste de la segunda cuerda. Lo tocaremos con el dedo 1*

Re

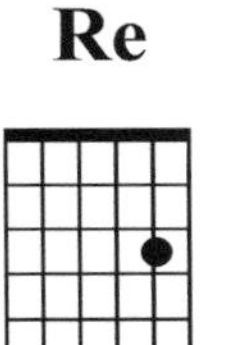

*El **re** se encuentra en el tercer traste de la segunda cuerda. Lo tocaremos con el dedo 3*

Ejercicios en la segunda cuerda

Los siguientes ejercicios combinan la primera y la segunda cuerda

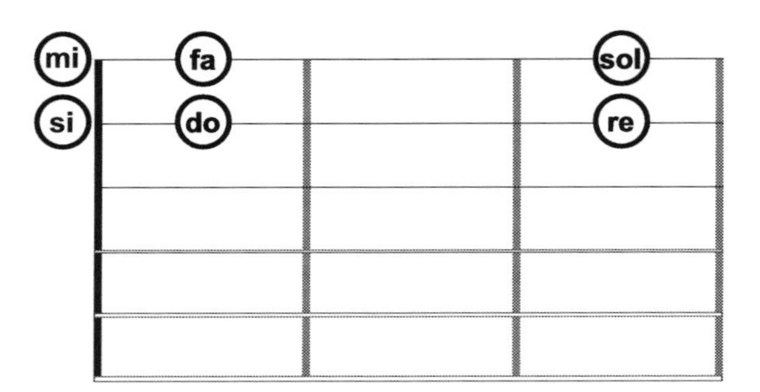

1

2

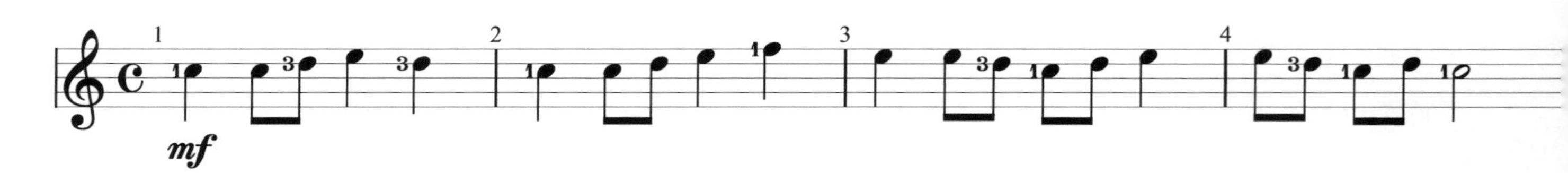

3

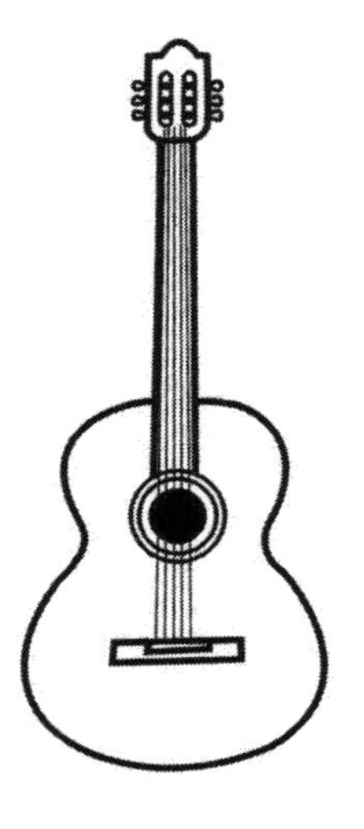

Plou i fa sol

Popular catalana

Burlesca

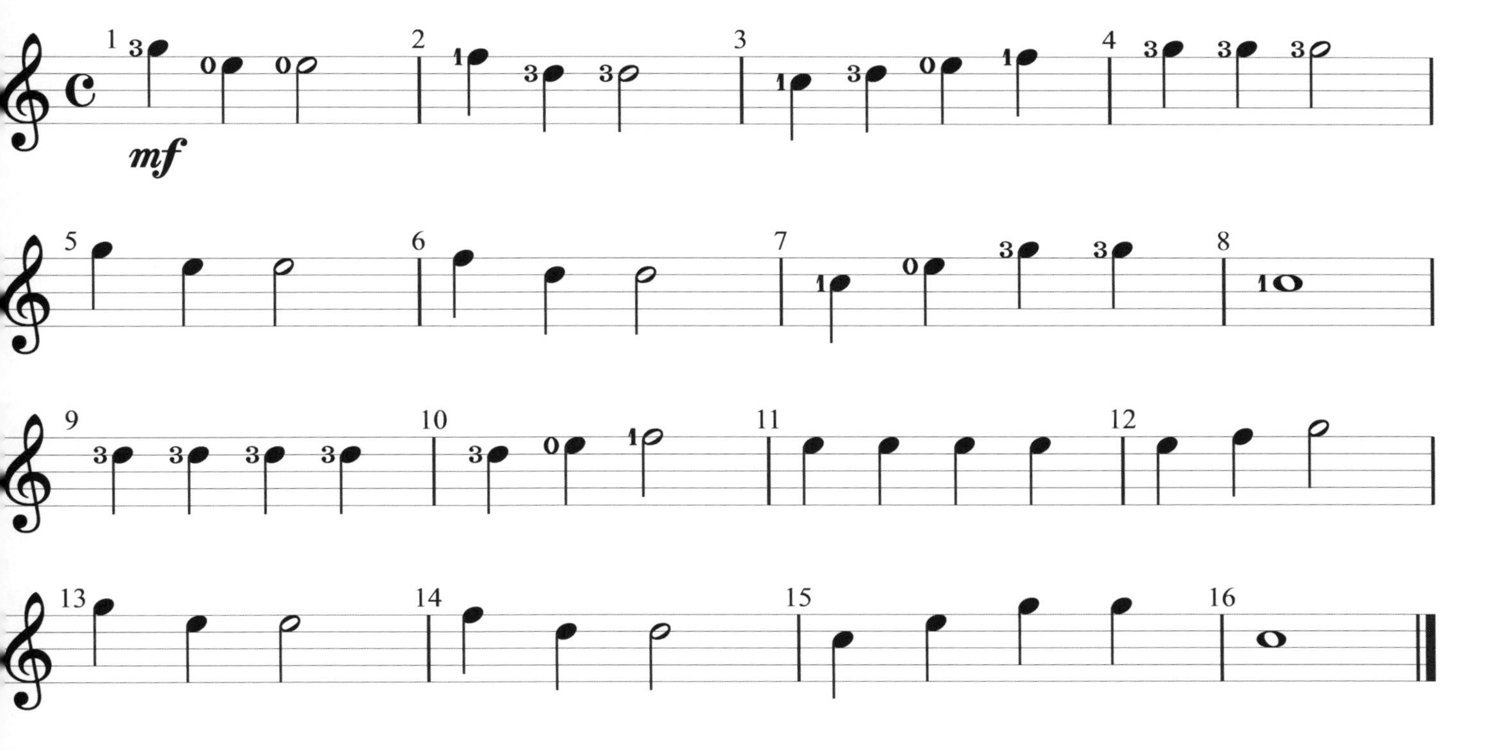

Din, don

Vals

Veamos las notas de la tercera cuerda

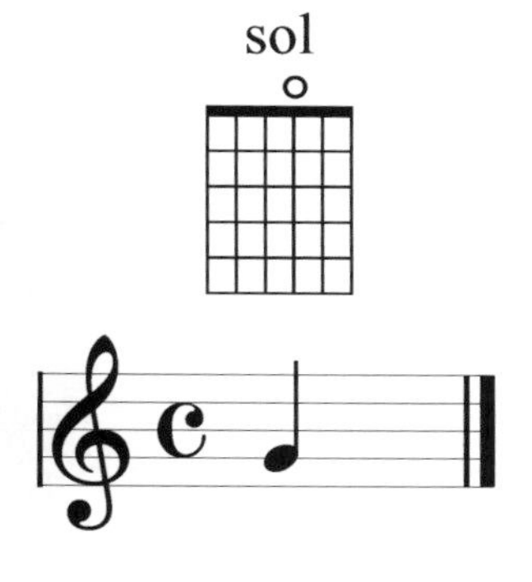

*El **sol** lo obtenemos al tocar la tercera cuerda al aire*

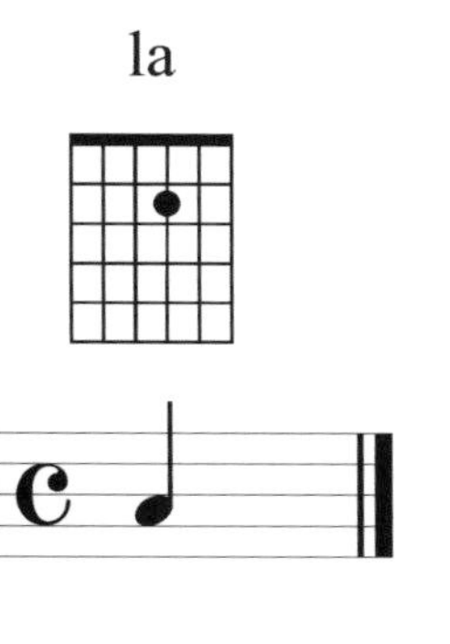

*El **la** lo tocaremos con el dedo 2*

Ejercicios con la tercera cuerda

1

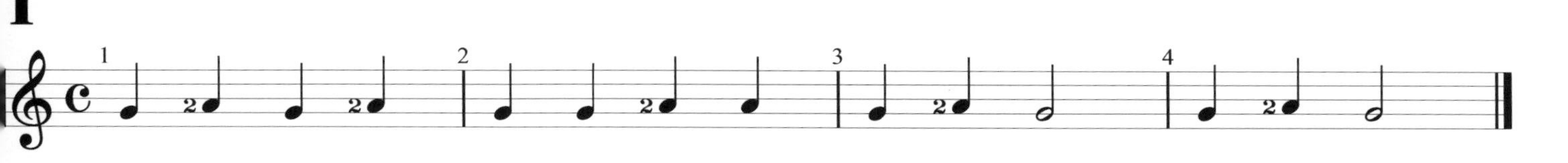

2

Au clair de la lune

Popular francesa

El gegant del pi

Uno de enero

Volksweise

Tradicional alemana

Estrellita

Hansel y Gretel

Canción alemana

Cumpleaños feliz

Himno de la alegría

Beethoven

Vamos con las notas de la cuarta cuerda

*El **re** es la cuarta cuerda al aire*

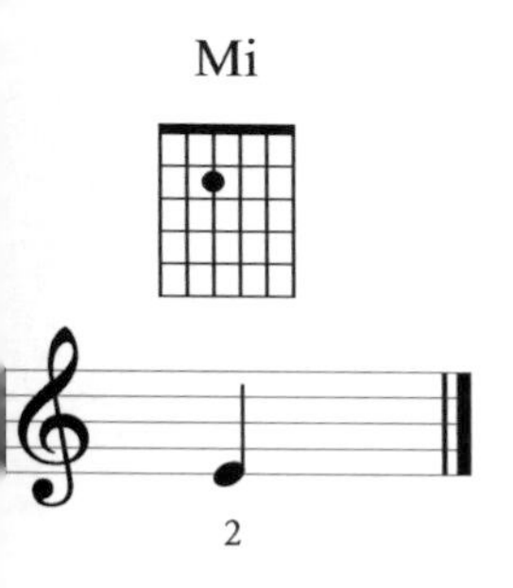

*El **mi** lo encontramos en el segundo traste,*
y lo tocaremos con el dedo 2

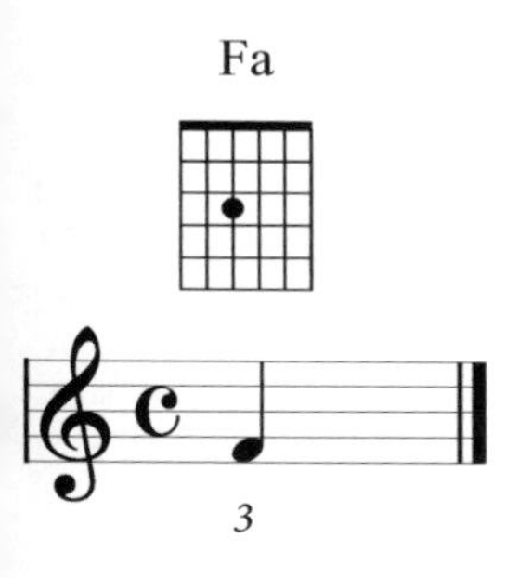

*El **fa** se toca en el tercer traste, y lo tocaremos con el dedo 3*

✓ *Ya sabemos todas estas notas*

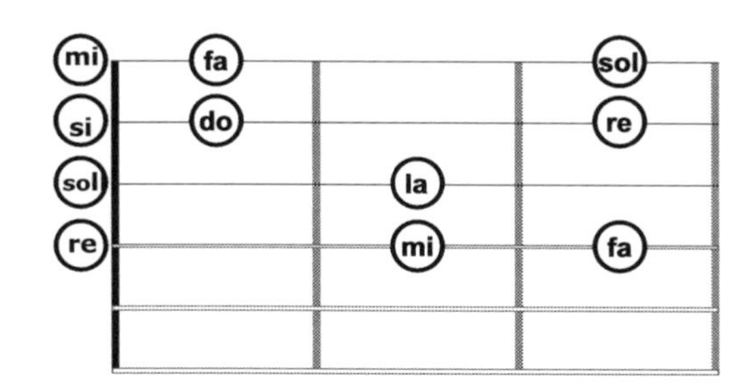

Practiquemos las notas de la cuarta cuerda

1

2

3 *Y ahora en combinación con la tercera*

A continuación, escribe a lápiz el nombre debajo de cada nota para reforzar lo aprendido. Luego, toca estas notas en la guitarra

Frère Jacques

Dónde están las llaves

Flor de primavera

Aprendamos las notas de la <u>quinta</u> cuerda

*El **la** suena al tocar la quinta cuerda al aire*

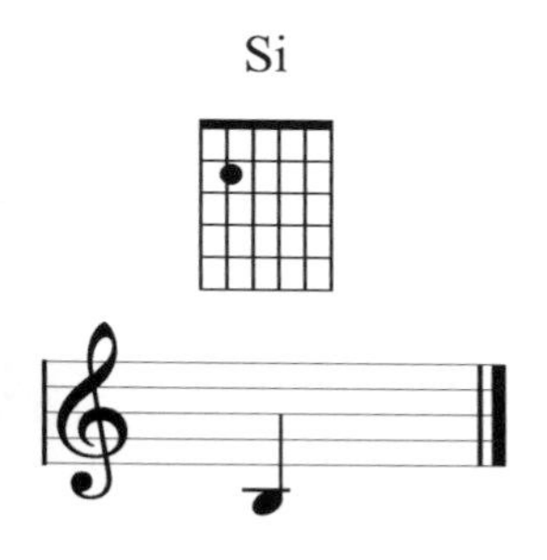

*El **si** lo obtenemos al tocar la quinta cuerda en el segundo traste*

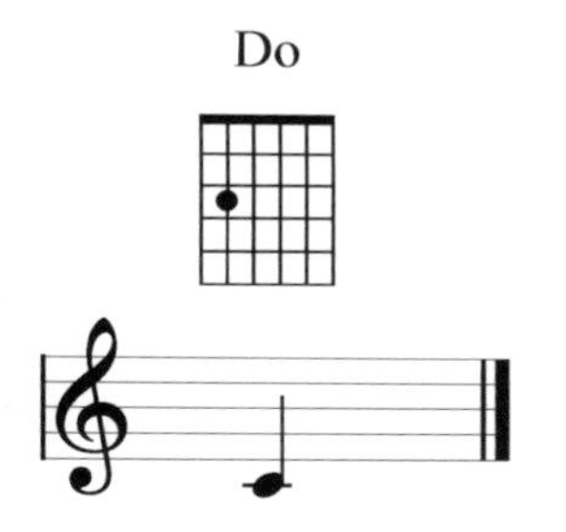

*El **do** sonará al pulsar la quinta cuerda en el tercer traste*

Ejercicios en la quinta cuerda

Popular vasca

Tengo una muñeca

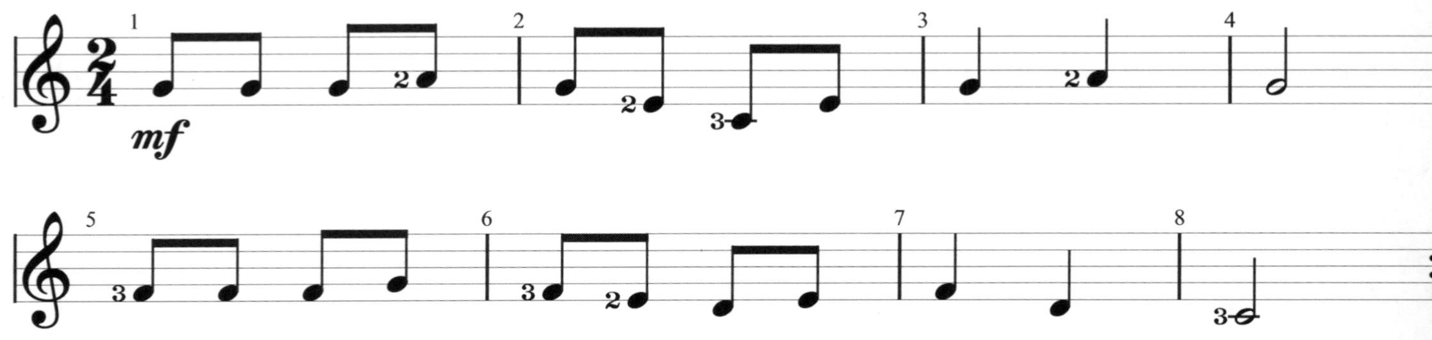

Tres caballeros del bosque

Los remeros del Volga

J´ai du bon tabac

Popular francesa

Canción de cuna
Brahms
mf
A jugar
mf

Para tocar la siguiente canción deberemos saber qué pasa cuando alguna de las notas está alterada. Las alteraciones son unos signos que se colocan delante de las notas y que cambian su sonido. Hay varios tipos de alteraciones; nosotros vamos a estudiar el ***sostenido*** *(#) y el* ***bemol*** *(b)*

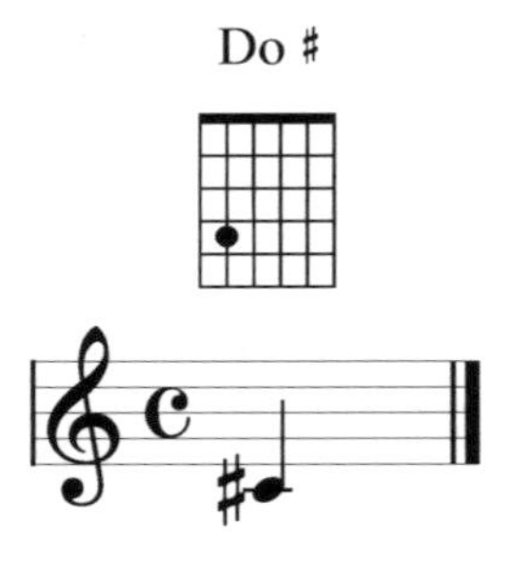

El sostenido (#) sube un semitono (un traste) la nota a la que acompaña

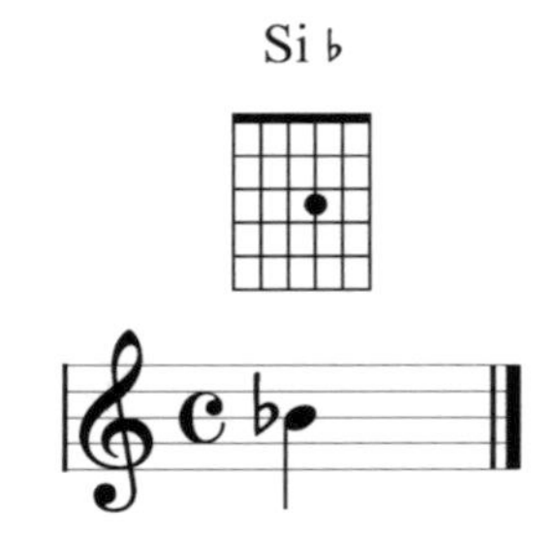

*El bemol (**b**) baja un semitono (un traste). Si la nota bemol se refiere a alguna nota al aire, para bajar el semitono deberemos buscar esa nota en una cuerda superior*

Tres hojitas madre

L´inverno è passato

Popular italiana

Jingle Bells

We Wish You A Merry Christmas

Adeste Fideles

Campana sobre campana

Estudiemos la notas de la <u>sexta</u> cuerda

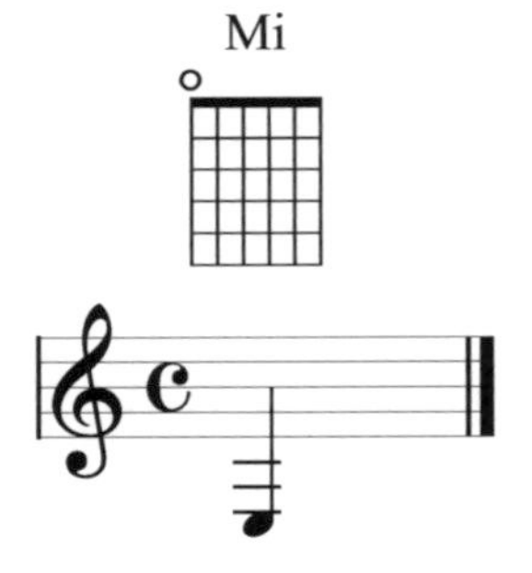

*El **mi** es la sexta cuerda al aire*

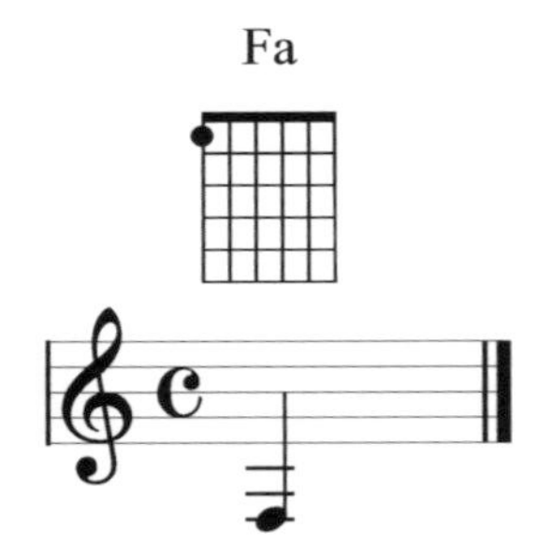

*El **fa** se encuentra en el primer traste, y lo tocamos con el dedo 1*

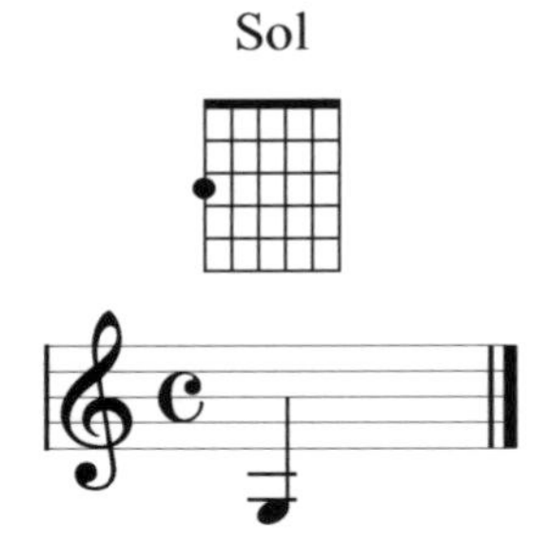

*El **sol** lo tocamos con el dedo 3, en el tercer traste*

Ejercicios en la sexta cuerda

Hemos conseguido un objetivo, que es conocer todas las notas naturales de los tres primeros trastes

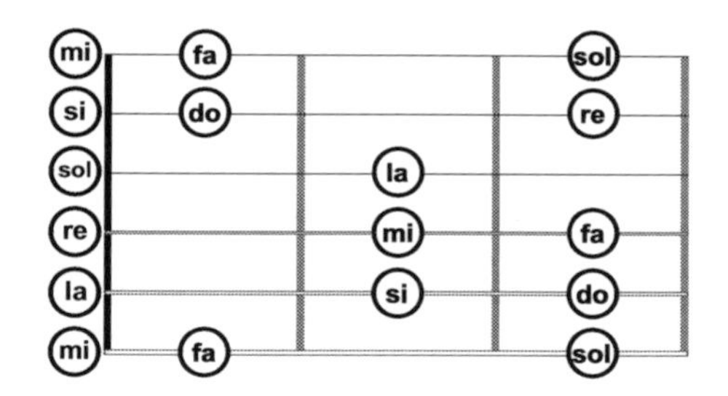

*Recuerda que si encontramos cualquiera de estas notas alteradas, con el signo # (sostenido), deberemos subir un semitono (un traste). Y si la acompaña el signo **b** (bemol), bajaremos un semitono (un traste)*

---

*Hasta ahora hemos usado la técnica de **apoyado** (referida a la mano derecha), que consistía en tocar una nota de tal manera que el dedo descansaba en la cuerda superior. Ahora vamos a estudiar la pulsación **tirada**. El dedo pulsa la cuerda hacia el interior de la mano sin tocar ninguna otra cuerda. En la interpretación guitarrística se combinan ambas técnicas*

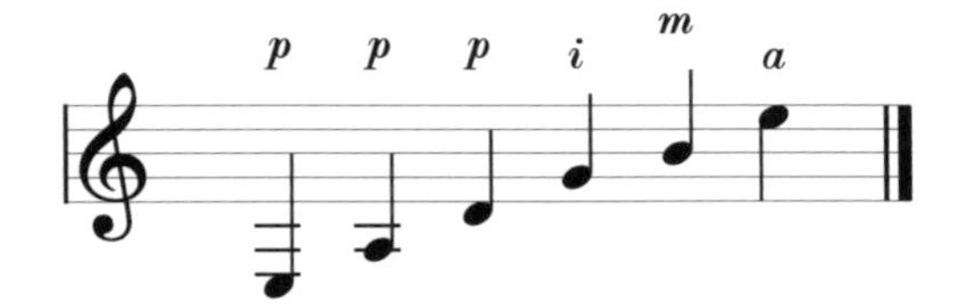

*En esta técnica, en general, el pulgar toca las tres cuerdas graves, llamadas **bordones**. Y las tres cuerdas agudas son pulsadas por los dedos índice, medio y anular, en distintas combinaciones*

2ª parte

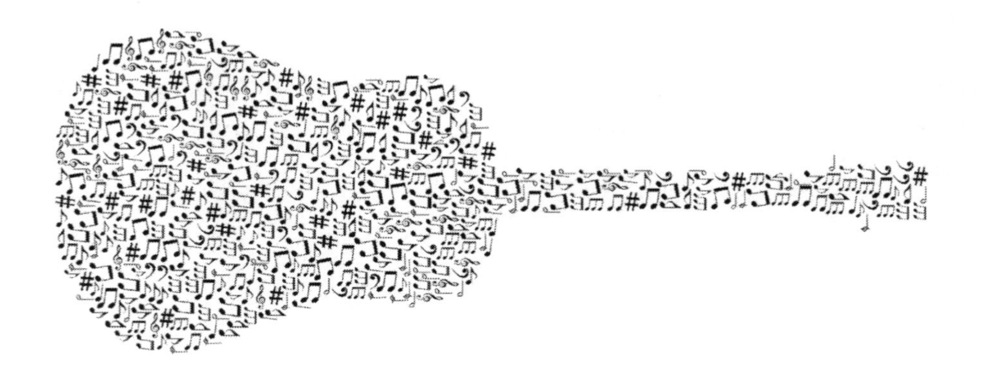

1
p i p i p m
i
mf
2
p i p i p i
mf
3
p i p i p i
mf

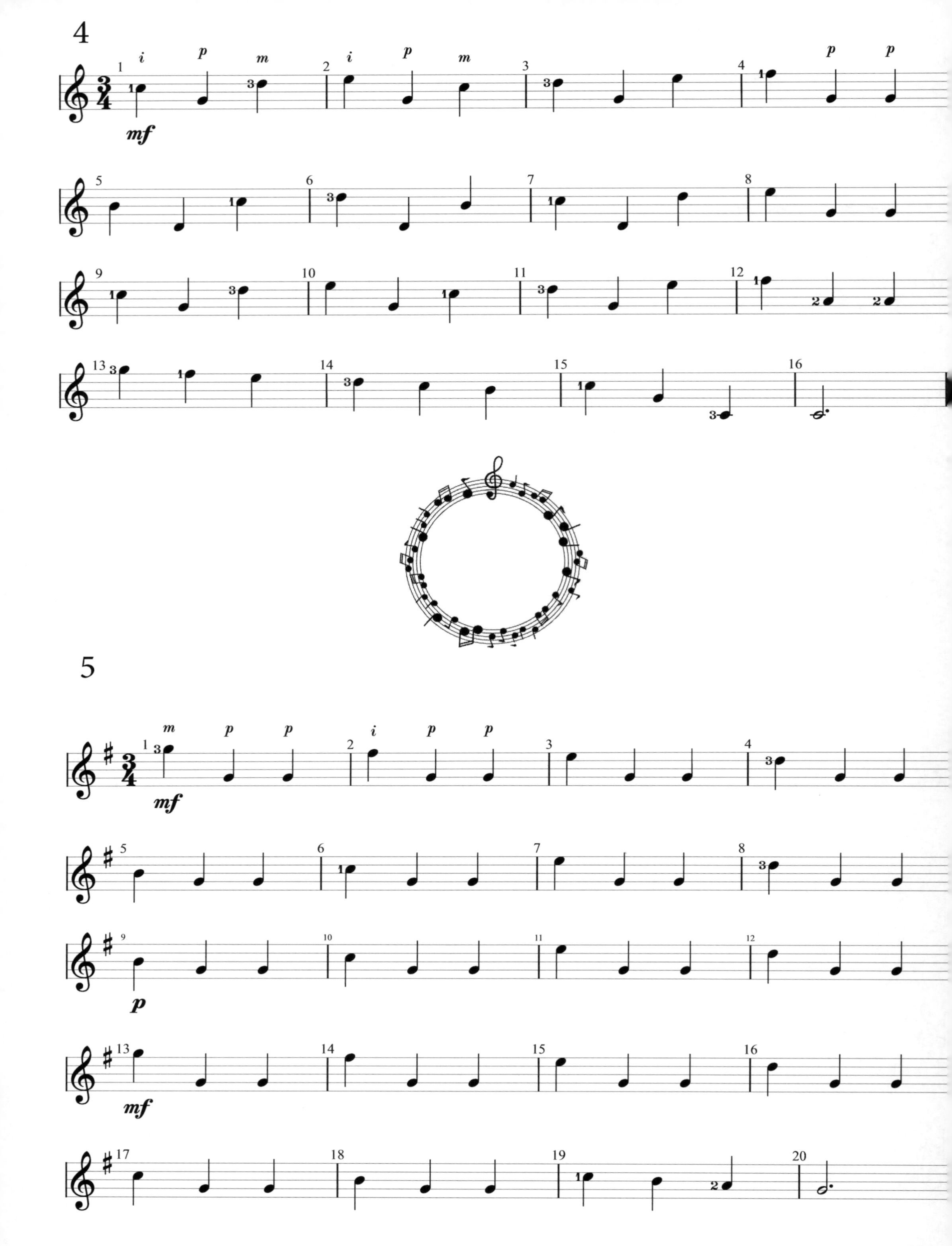
4
5

6
p m p i
p m
i
mf
7
mf

8
i p p m p p
mf
9
m i m
i i p m p
mf

10
p i m p i m
mf
m
i
p

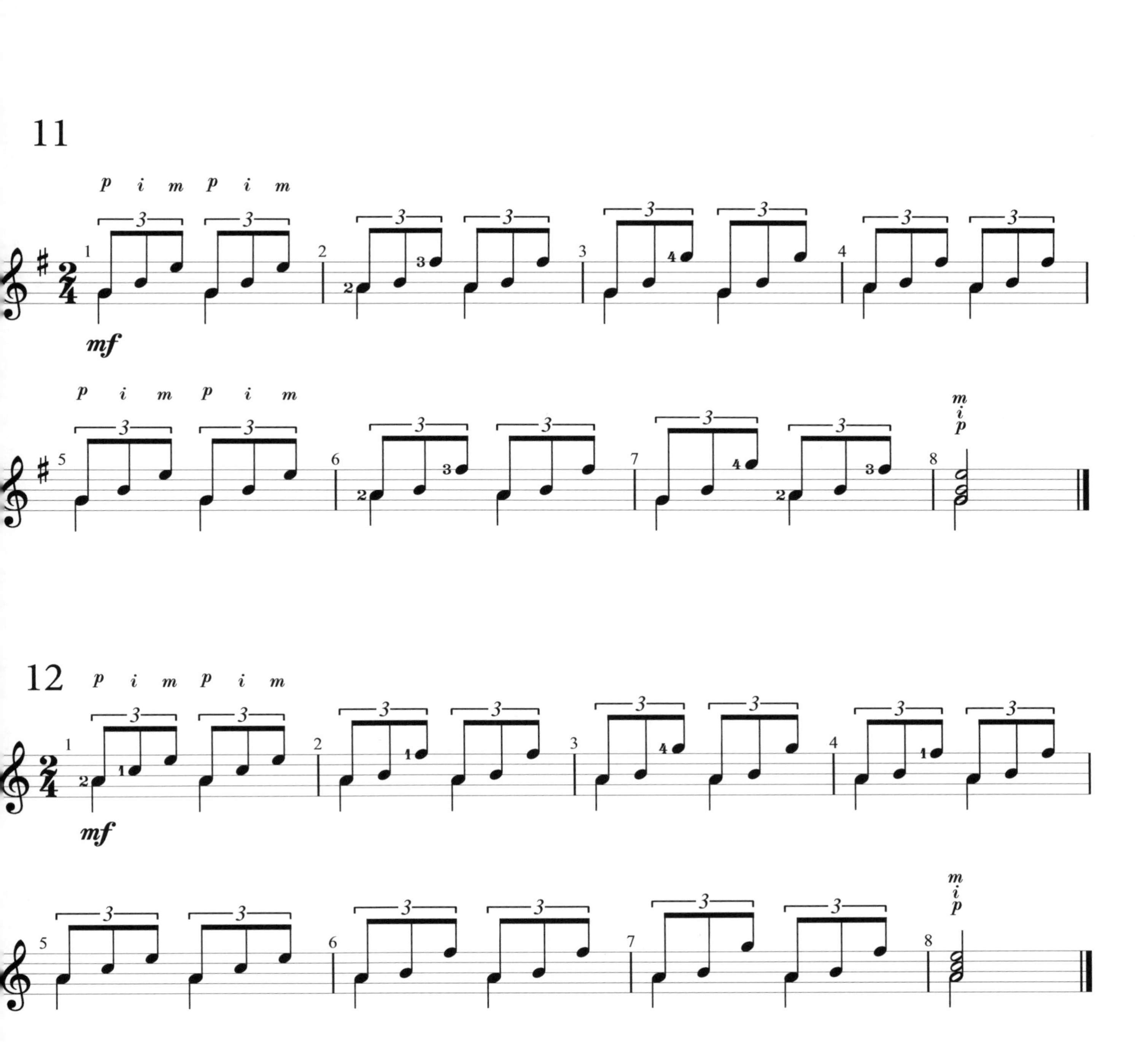
11
p i m p i m
mf
p i m p i m
m
i
p
12
p i m p i m
mf
m
i
p

13

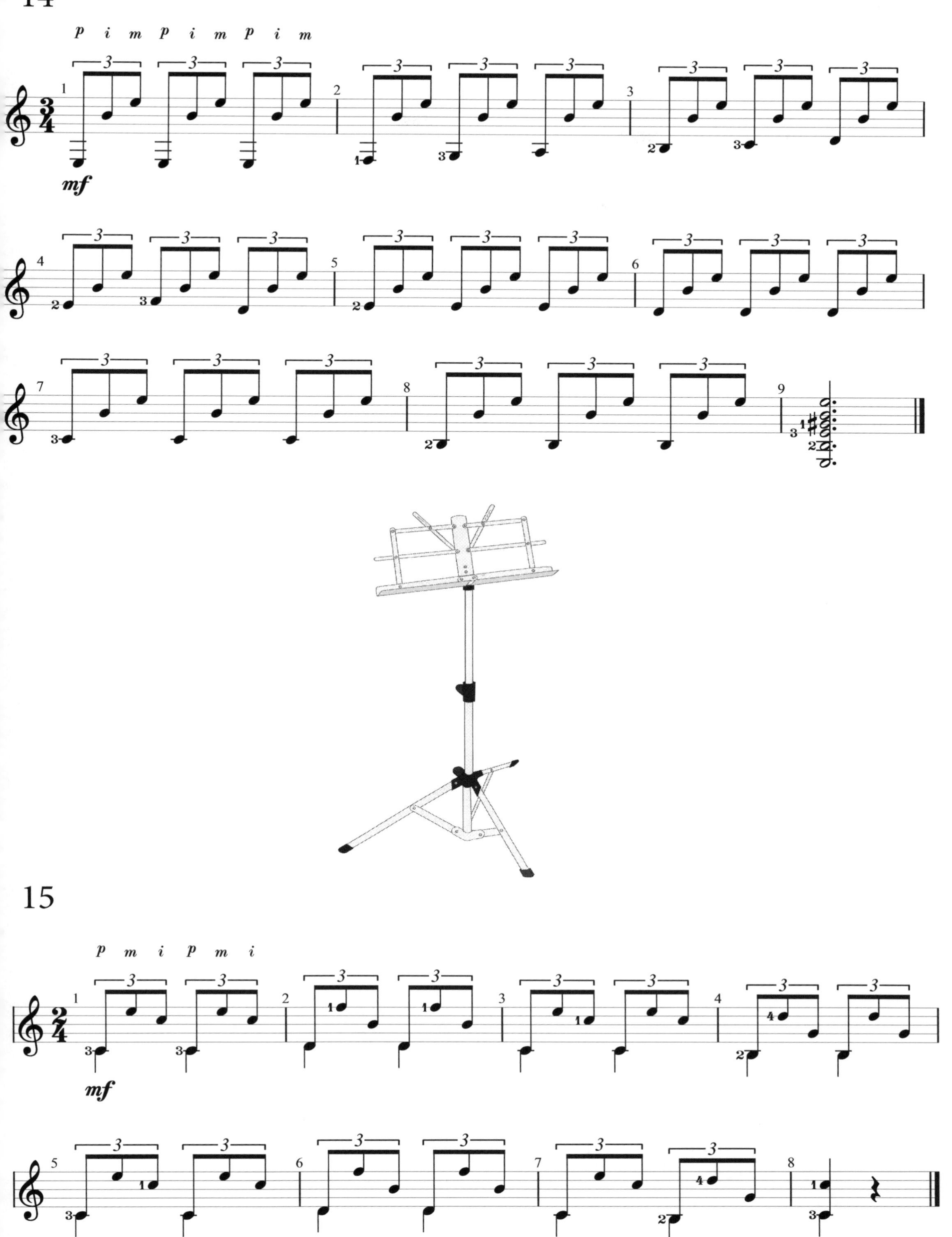
14
p i m p i m p i m
mf
15
p m i p m i
mf

16

17

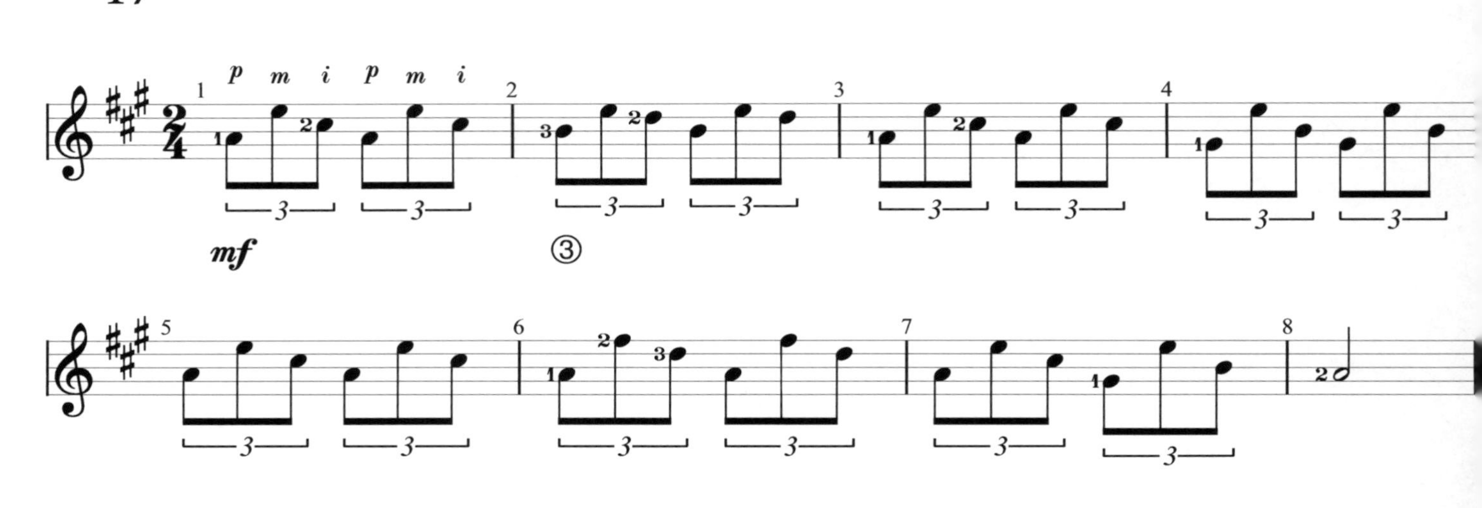

18

19
20

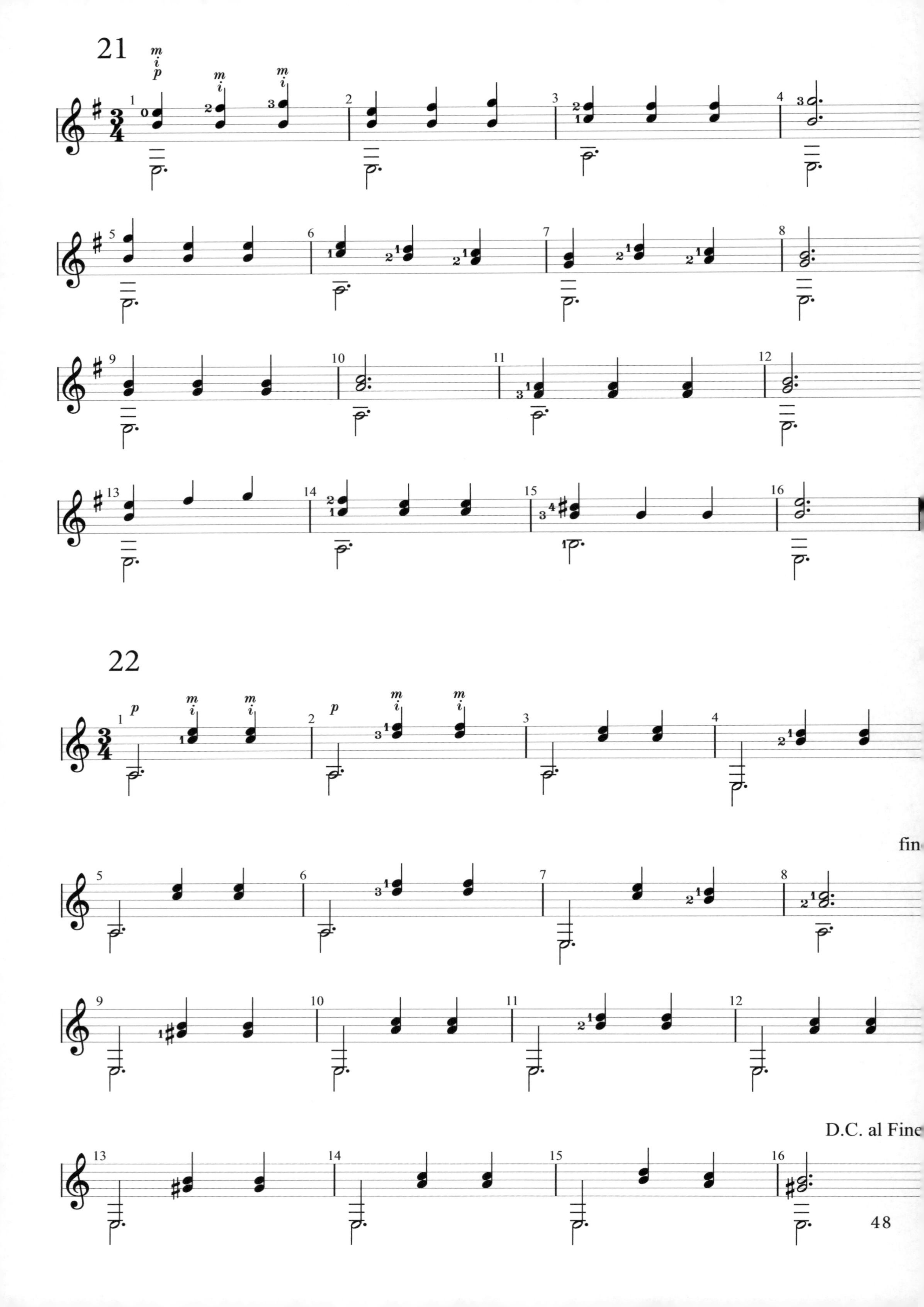
21
22
fin
D.C. al Fine

23

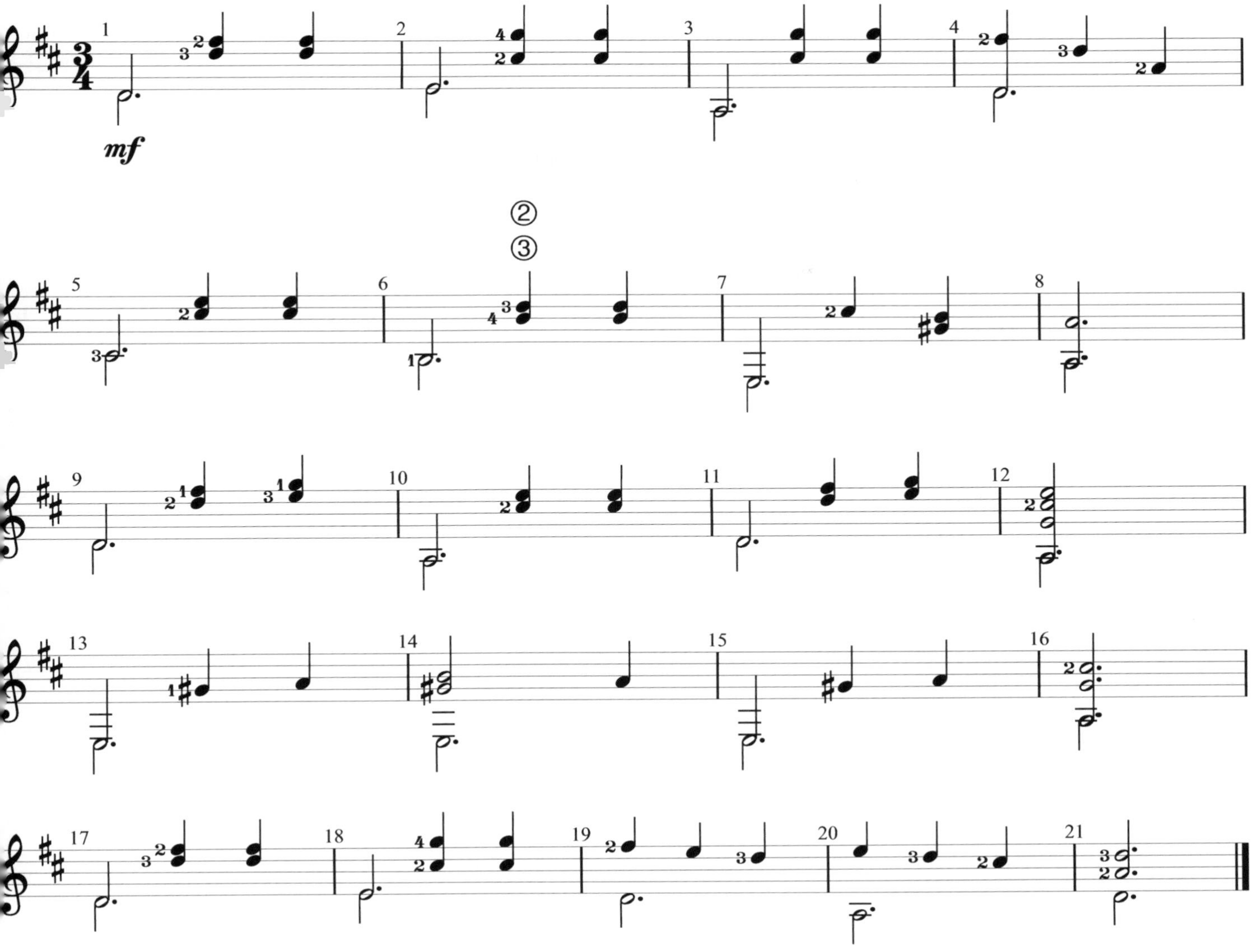

mf

②
③

24

mf

fine

D.C. al Fine

1.

2.

25
mf
26
i m i
m
mf
mf

27

28

29
mf

30
mf

Sergio Dorado tiene el Grado Superior de Música (especialidad guitarra) y el Título Superior de guitarra flamenca por el Conservatori del Liceu de Barcelona. Es licenciado además en Filología Hispánica. Ha sido profesor de música en secundaria y en numerosas escuelas, donde ejerce su labor desde hace más de veinticinco años. Ha publicado también *Introducción a la guitarra flamenca* y *El joven duende flamenco*, métodos donde profundiza en el aprendizaje de la guitarra, en este caso en su vertiente flamenca

Printed in Great Britain
by Amazon